SERGIO GARRIDO

INTELEIGENCIA ARTIFICIAL

PARA NIÑOS... Y NO TAN NIÑOS

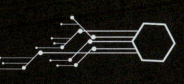

ISBN: 9798867239442

Sello: Independently published

.

A todos los que amáis la programación y la inteligencia artificial. Que nunca dejéis de aprender y de crear en este universo fascinante, dinámico y lleno de retos.

Sergio Garrido Barrientos

PRÓLOGO

¿Te gustaría aprender a crear tus propios proyectos de inteligencia artificial? ¿Te imaginas poder reconocer objetos, sonidos y posturas con solo una cámara y un ordenador? ¿Te apetece descubrir cómo funciona esta tecnología que está cambiando el mundo?

Si has respondido que sí a alguna de estas preguntas, este libro es para ti. En él encontrarás una introducción sencilla y divertida a la inteligencia artificial, el machine learning y las herramientas que puedes usar para crear tus propios proyectos. Aprenderás conceptos básicos, ejemplos prácticos y curiosidades sobre esta ciencia fascinante.

Además, podrás poner en práctica lo que aprendas con tres tipos de proyectos: de reconocimiento de imágenes, de sonidos y de posturas. Estos proyectos están basados en situaciones reales y tienen aplicación en campos como la educación, la salud, el arte o el entretenimiento. Podrás usar plataformas gratuitas y fáciles de usar como Teachable Machine, Kaggle y RAISE Playground del MIT, que te permitirán entrenar modelos de inteligencia artificial sin necesidad de programar.

Con este libro, no solo aprenderás a crear proyectos de inteligencia artificial, sino que también desarrollarás tu creatividad, tu pensamiento crítico y tu capacidad de resolver problemas. Y lo más importante: te divertirás mucho.

Así que no lo dudes más y acompáñame en este viaje por el mundo de la inteligencia artificial. Estoy seguro de que te sorprenderás de lo que puedes hacer con ella. ¿Estás listo? ¡Empecemos!

Pero antes, déjame contarte por qué decidí escribir este libro y qué me inspiró a hacerlo. Me di cuenta de que esta tecnología tenía un enorme potencial para mejorar la vida de las personas y resolver los grandes desafíos de la humanidad.Sin embargo, también me percaté que muchas personas no entendían bien qué era la inteligencia artificial, cómo funcionaba o qué implicaciones tenía. Algunas tenían miedo de que la inteligencia artificial fuera a dominar el mundo o a quitarles el trabajo. Otras pensaban que la inteligencia artificial era algo muy complicado y difícil de aprender. Y otras simplemente no sabían por dónde empezar o qué herramientas usar.

Por eso, decidí escribir este libro para ti. Para que puedas ver la inteligencia artificial como una aliada y no como una amenaza. Y para que puedas disfrutar de esta tecnología tan maravillosa y emocionante.

Y recuerda: la inteligencia artificial no es solo cosa de expertos, es cosa de todos. ¡Tú también puedes ser parte de esta revolución!

Este prólogo lo ha redactado una inteligencia artificial a partir de mis instrucciones e ideas.

¿Qué te parece?

CONTENIDOS

PROYECTO 3 - ¿QUÉ ME PASA, DOCTOR?

Analiza radiografías de pacientes y detecta el covid de los que están sanos.

PROYECTO 4 - TÚ ERES UN JOYSTICK

Controla videojuegos con gestos de la mano usando inteligencia artificial.

PROYECTO 5 - MINI GOLF

Aprovecha el proyecto anterior para hacer un mini golf que se controla con gestos.

PROYECTO 6 - TU CARA ME SUENA

Haz que la inteligencia artificial distinga tu cara del resto de personas.

PROYECTO 7 - DESBLOQUEO FACIAL

Aplica el proyecto anterior al famoso desbloqueo facial de los móviles.

PROYECTOS DE IMÁGENES

PROYECTOS DE SONIDOS

PROYECTO 8 - ¿QUIÉN DA LA NOTA?

Crea un sistema que reconozca instrumentos en base a su sonido.

PROYECTO 9 - CARDIO AI

Consigue, utilizando inteligencia artificial, distinguir el latido sano de uno con soplo.

PROYECTO 10 - ¿ERES UN YOGUI?

Construye un sistema que reconozca las posturas de yoga.

PROYECTOS DE POSTURAS

PROYECTOS DE POSTURAS

PROYECTO 11 - SPORT SPY
Consigue distinguir gente corriendo, caminando, de pie y sentada.

PROYECTO 12 - ASIENTO INTELIGENTE
¿Cuidas tu postura al estar sentado? Este sistema te ayudará a detectarlo.

PROYECTO 13 - FALL WATCH
Crea un proyecto en el cual detectes caídas de personas.

PROYECTO 14 - EMERGENCIAS 112
Aplica el proyecto anterior para activar un sistema de llamada de emergencias.

FINAL

EL AUTOR
¿Quién es Sergio Garrido? Aquí podrás descubrir quién es el autor del libro.

OTROS LIBROS INTERESANTES
Si este libro te ha gustado, también lo harán otros libros del mismo autor.

QUÉ ES LA IA

¿QUÉ ES?

La inteligencia artificial es como un cerebro para las computadoras. Les ayuda a pensar y tomar decisiones, como las que tomamos los humanos. La inteligencia artificial puede aprender y mejorar con el tiempo.

APRENDIZAJE AUTOMÁTICO

Una de las cosas más geniales de la inteligencia artificial es que puede aprender por sí sola. Al igual que los niños aprenden cosas nuevas con el tiempo, las computadoras pueden aprender a partir de datos y experiencias previas.

UN POCO DE HISTORIA

La idea de la inteligencia artificial existe desde hace mucho tiempo, pero fue en los años 50 cuando se comenzó a desarrollar realmente. Los científicos querían crear una máquina que pudiera hacer cosas que solo los humanos podían hacer, como jugar al ajedrez o responder preguntas.

RECONOCIMIENTO DE VOZ

La inteligencia artificial puede ayudarnos a comunicarnos mejor con las computadoras. Por ejemplo, cuando hablas con un asistente virtual como Siri o Alexa, ellos usan la inteligencia artificial para entender lo que estás diciendo.

ROBÓTICA

La inteligencia artificial también se utiliza en la creación de robots. Estos robots pueden hacer cosas increíbles como bailar, jugar al fútbol y hasta ayudar a las personas con discapacidades.

EL FUTURO

La inteligencia artificial seguirá creciendo y mejorando con el tiempo. Podría ayudarnos a resolver problemas difíciles como la cura para enfermedades o cómo detener el cambio climático. Pero también es importante asegurarnos de que la inteligencia artificial se use de manera responsable y ética para no causar daño a las personas.

MACHINE LEARNING

LAS COMPUTADORAS QUE APRENDEN

Las computadoras son como grandes cerebros que pueden aprender cosas nuevas. Una cosa que pueden aprender es cómo hacer algo mejor. Por ejemplo, si le das muchas fotos de gatos, una computadora puede aprender a reconocer a un gato. ¡Así es como las computadoras aprenden cosas nuevas!

¡ADIVINA QUÉ HAY EN LA FOTO!

Imagina que tienes una foto de una manzana, una foto de una naranja y una foto de una banana. Si le das estas fotos a una computadora que usa machine learning, ¡puede aprender a reconocer qué fruta es cada una! La computadora puede hacer esto mirando los colores y las formas de las frutas en las fotos.

¿UN AMIGO INTELIGENTE?

La gente puede enseñar a las computadoras qué hacer usando machine learning. Por ejemplo, podrías enseñar a una computadora cómo jugar al ajedrez. La computadora puede aprender qué movimientos hacer al mirar cómo juegas al ajedrez y aprender de tus errores. ¡Es como tener un amigo muy inteligente que puede ayudarte a jugar mejor!

LA IA

Machine learning es parte de algo llamado inteligencia artificial. La inteligencia artificial es como tener una computadora que puede pensar y aprender por sí misma. Pero todavía hay mucho que aprender sobre la inteligencia artificial y cómo podemos usarla para hacer nuestro mundo un lugar mejor.

PREDICIENDO EL FUTURO

Las computadoras que usan machine learning también pueden predecir cosas que podrían pasar en el futuro. Por ejemplo, podrías darle a una computadora información sobre el clima y enseñarle cómo predecir si lloverá o no. La computadora puede hacer esto mirando patrones en los datos, como la temperatura y la humedad.

TEACHABLE MACHINE

¡Bienvenidos al fascinante mundo del aprendizaje automático! ¿Alguna vez te has preguntado cómo las computadoras pueden "aprender" y mejorar su capacidad para hacer tareas complejas como reconocer imágenes, textos y números? Con la ayuda de Machine Learning for Kids, puedes aprender y experimentar con esta tecnología emocionante.

ENTRENA TU PROPIO CEREBRO ARTIFICIAL

Machine Learning for Kids ofrece una forma divertida y práctica de aprender sobre el aprendizaje automático. Con su sencillo entorno de aprendizaje guiado, puedes entrenar modelos de aprendizaje automático para que sean capaces de identificar texto, números e imágenes. ¿Te imaginas tener tu propio cerebro artificial que puedas entrenar y programar para hacer lo que quieras?

LA TECNOLOGÍA DEL FUTURO

El aprendizaje automático está por todas partes, desde los filtros de detección de correo basura hasta los sistemas de recomendación y los chatbots. En el futuro, los sistemas de aprendizaje automático estarán presentes en prácticamente todos los aspectos de nuestra vida diaria, desde la conducción autónoma hasta la medicina. Aprender sobre esta tecnología hoy en día es fundamental para estar preparados para el futuro.

APRENDE A USAR TEACHABLE MACHINE

¿Alguna vez te has preguntado cómo funcionan las computadoras? Con Teachable Machine, puedes entrenar a una computadora para reconocer patrones en imágenes y sonidos. En este libro, aprenderás cómo funciona Teachable Machine y cómo puedes usarlo para enseñar a una computadora a hacer cosas increíbles.

PRIMEROS PASOS CON iA

1 ACCESO A TEACHABLE MACHINE

El acceso a Teachable Machine de Google es mediante una web. Necesitarás un ordenador conectado a Internet.

HTTPS://TEACHABLEMACHINE.WITHGOOGLE.COM/

También puede buscar la web en Google u otros buscadores escribiendo "teachable machine".

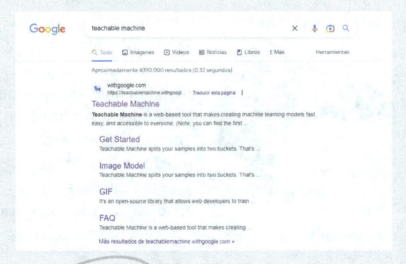

COMENZANDO UN PROYECTO

Una vez estés en la página principal de Teachable Machine, pulsa en "Primeros pasos"

También puedes pulsar en el menú de la parte superior izquierda y hacer clic en "Nuevo proyecto"

ELIGE EL TIPO DE PROYECTO

Podrás elegir entre tres tipos de proyectos: imagen, audio o posturas.

Nuevo proyecto

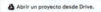

Proyecto de imagen

Realiza la preparación con imágenes de archivos o de la webcam.

Proyecto de audio

Realiza la preparación basándote en sonidos de un segundo de duración, desde archivos o usando tu micrófono.

Proyecto de posturas

Realiza la preparación con imágenes de archivos o de la webcam.

ELIGE PROYECTO DE IMAGEN CUANDO...

quieras hacer que el sistema reconozca objetos o animales en fotos o dibujos. Por ejemplo, podrías entrenar al sistema para distinguir diferentes razas de perros.

ELIGE PROYECTO DE AUDIO CUANDO...

quieras hacer que el sistema reconozca diferentes sonidos, como aplausos, gritos o canciones. Por ejemplo, podrías entrenar a la computadora para reconocer diferentes sonidos de animales.

ELIGE PROYECTO DE POSTURAS CUANDO...

quieras que el sistema reconozca diferentes posiciones del cuerpo, como sentado o de pie. Por ejemplo, podrías entrenar a la computadora para reconocer posiciones de yoga.

ELIGE LAS CLASES

En Teachable Machine, las "clases" son como categorías que le das a los ejemplos que le muestras al sistema que, aprenderá a reconocer la diferencia entre ellas para hacer predicciones precisas

Cambiar el nombre a la clase

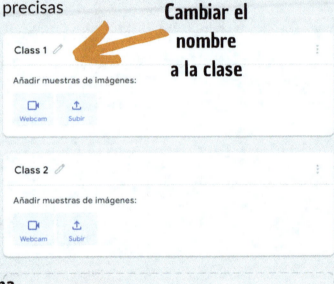

Añadir una clase nueva

Por ejemplo, si quieres que tu sistema reconozca diferentes tipos de frutas, podrías crear tres clases llamadas "manzanas", "naranjas" y "plátanos". Cada vez que le muestras al sistema un ejemplo de una manzana, lo clasificará en la clase "manzanas". Lo mismo ocurre con las naranjas y los plátanos.

Una vez que hayas mostrado suficientes ejemplos de cada clase, tu sistema aprenderá a reconocer la diferencia entre ellas y podrá identificar si se trata de una manzana, una naranja o un plátano.

5 AÑADIENDO MUESTRAS A LAS CLASES

En Teachable Machine, podemos añadir las muestras mediante nuestra webcam, cargando los archivos o grabando con el micrófono.

WEBCAM

Es el modo más sencillo, mantén pulsado el botón y se sacarán varias fotos por segundo de lo que se ve por tu webcam.

CARGANDO ARCHIVOS

Simplemente, elige los archivos o arrástralos al área para cargarlos como muestras.

MICRÓFONO

Pulsa el botón y se grabarán unos segundos de audio. En los proyectos de audio es necesario crear un clase llamada "Ruido de fondo" para grabar el sonido habitual.

PREPARANDO NUESTRO MODELO

Preparar el modelo es hacer que tu sistema entrene con las categorías (clases) y muestras que has añadido previamente. Es tan fácil como pulsar el botón "Preparar el modelo" y en un rato lo tendrás listo para probar.

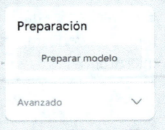

MODO AVANZADO

Puedes cambiar los parámetros de entrenamiento, pero sólo es recomendable cuando seas más experto.

Épocas: número de vueltas que se da a todas las muestras.

Tamaño del lote: cantidad de ejemplos que se procesan a la vez durante cada época. Un tamaño de lote más grande puede hacer que el entrenamiento sea más rápido, pero también puede requerir más memoria del ordenador.

Tasa de aprendizaje: es la cantidad de ajuste que se hace a al modelo después de cada tamaño de lote. Cuando más alta, el entrenamiento será más rápido, pero también puede hacer que el sistema se "salte" información importante.

Una vez haya finalizado el entrenamiento, tendremos un modelo preparado para las pruebas. Aparecerá automáticamente la posibilidad de probar, ya sea con imágenes, sonidos o con la imagen desde webcam, dependiendo el tipo de proyecto que hayamos creado.

En la parte de abajo, veremos las categorías que hemos creado en el proyecto y el porcentaje de confianza que se da a cada una de las categorías.

Estas pruebas nos servirán para asegurar la fiabilidad y buen funcionamiento del modelo que hemos construido.

Si los resultados no nos terminan de convencer, debemos revisar las muestras que hemos asociado a cada categoría, añadir más o cambiar los parámetros del entrenamiento.

EXPORTAR EL MODELO

Con teachable machine puedes crear tus propios modelos de inteligencia artificial que reconocen imágenes, sonidos o poses. Pero ¿qué puedes hacer con esos modelos una vez que los has creado? Pues puedes exportarlos

para usarlos en otros proyectos, como páginas web o aplicaciones. Para exportar tu modelo, solo tienes que hacer clic en el botón "Exportar modelo" y elegir el formato que más te convenga. Por ejemplo, puedes exportar tu modelo como Tensorflow.js y alojarlo gratis en teachable machine, para que puedas llamarlo desde cualquier sitio web que uses javascript1. También puedes convertir tu modelo a Tensorflow o Tensorflow Lite y descargarlo para usarlo en tu ordenador o en dispositivos como Raspberry Pi2. Así podrás darle vida a tus ideas con la magia de la inteligencia artificial.

9 GUARDAR EL TRABAJO

Desde el menú principal de la herramienta, que conseguimos ver
pulsando en las rayitas de la parte
superior izquierda. Podemos:

- Guardar el proyecto en Google
Drive
- Descargar el proyecto como un archivo

Posteriormente, cuando queramos volver al proyecto lo recuperaremos, bien desde Google Drive o bien desde el archivo que hemos descargado en nuestro propio ordenador.

≡ **Teachable Machine**

+ Nuevo proyecto

ContentoOTriste ✏ 🜚

🜚 Abrir proyecto desde Drive

🖬 Guardar proyecto en Drive

🗁 Ver proyecto en Drive

🗐 Hacer una copia en Drive

🜛 Cerrar sesión de Drive

🗁 Abrir el proyecto desde un archivo

⬇ Descargar proyecto como archivo

ContentoTriste.tm

Si lo guardamos en nuestro propio ordenador, se creará un archivo con extensión "TM", que será el que luego deberemos abrir para continuar con nuestro proyecto.

ANALIZANDO LOS RESULTADOS

Analizar los resultados es una parte muy importante en la inteligencia artificial pero, no te preocupes si no lo entiendes muy bien al principio. Puedes saltarte esta parte y seguir avanzando en el libro sin ningún problema. Cuando vayas adquiriendo más experiencia seguro que te pica la curiosidad y vuelves a esta sección para entender cómo se comporta el sistema.

Para poder visualizar los resultados de nuestro modelo pulsa en "Avanzado" y luego en "Más datos"

Vamos a imaginar el siguiente caso: un centro comercial muy importante de tu ciudad te contrata para hacer un sistema que distinga si las personas que entran al centro comercial utilizan mascarilla o no la utilizan.

Es importante que sepas que, de todas las muestras que pasas al sistema, Teachable Machine se "guarda" un 15% para realizar las pruebas (test) y no las utiliza en el entrenamiento. Así tiene dos conjuntos: entrenamiento (train) y pruebas (test).

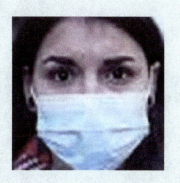 

PRECISIÓN POR CLASE

Precisión por clase

CLASS	ACCURACY	# SAMPLES
Con mascarilla	1.00	75
Sin mascarilla	0.97	75

La tabla de precisión por clase es como una lista que te dice cómo de bien tu modelo sabe el nombre de cada cosa que le has enseñado. En este caso, vemos que ha utilizado 75 casos de ejemplo y, para los de "mascarilla" ha acertado el 100%, en cambio, para los que van "sin mascarilla", ha sido el 97%, así que, de cada 100 casos que van sin mascarilla, el sistema cree que 3 de ellos sí que la tienen puesta.

MATRIZ DE CONFUSIÓN

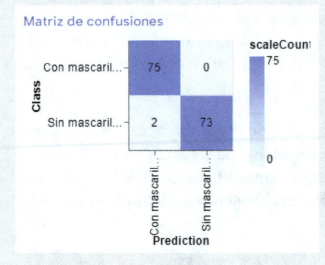

La matriz de confusión es una tabla que nos muestra lo siguiente: en la parte izquierda están las clases que hemos elegido y en la parte de abajo las predicciones que hace nuestro sistema. Si nos fijamos, hay 75 casos en los que la clase era "Con mascarilla" y la predicción también, en ese caso ha acertado todos. Por otro lado, tenemos un 2 en el cruce entre la clase "Sin mascarilla" y la predicción "Con mascarilla", quiere decir que en dos casos la foto era "Sin mascarilla" y el sistema, en cambio y erróneamente, dijo que era "Con mascarilla".

PRECISIÓN Y PÉRDIDA POR ÉPOCA

Las gráficas de "precisión por época" y "pérdida por época" son como dibujos que te muestran cómo de bien se porta tu modelo de aprendizaje automático cuando le enseñas cosas nuevas. Cada época es como una clase donde le muestras muchas fotos a tu modelo y le dices qué son.

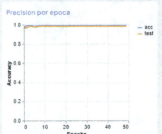

La línea de "acc" te dice cuántas veces tu modelo acierta el nombre de las cosas que le enseñas. La línea de "test acc" te dice cuántas veces tu modelo acierta el nombre de las cosas que no le has enseñado (casos de prueba), pero que se parecen a las que le has enseñado. Por ejemplo, si le enseñas fotos de perros y gatos, y luego le muestras una foto de un lobo, a ver si sabe que es un perro.

La línea de "loss" te dice cuánto se equivoca tu modelo cuando le pones un examen con las cosas que le has enseñado. La línea de "test loss" te dice cuánto se equivoca tu modelo cuando le pones un examen con las cosas que no le has enseñado, pero que se parecen a las que le has enseñado.

Lo que quieres es que tu modelo acierte muchas veces y se equivoque pocas veces, tanto con las cosas que le has enseñado como con las que no. Pero a veces pasa que tu modelo se aprende de memoria las cosas que le has enseñado, y luego no sabe reconocer las cosas nuevas. Eso se llama sobreajuste, y es como cuando te aprendes una canción de memoria, pero luego no sabes cantar otra canción parecida.

LAS MUESTRAS

Kaggle es una comunidad de personas a las que les gusta enseñar a los ordenadores a hacer cosas con números, letras, imágenes y sonidos. Estas cosas pueden ser muy interesantes, como saber el nombre de las flores, predecir el clima o crear un chatbot.

En Kaggle puedes encontrar muchos conjuntos de datos sobre diferentes temas que puedes usar para aprender y experimentar. Un conjunto de datos es una colección de información organizada que se puede analizar con un ordenador. Por ejemplo, puedes encontrar conjuntos de datos sobre el Titanic, sobre las flores, sobre los videojuegos o sobre el coronavirus.

En Kaggle puedes ver, descargar y explorar los conjuntos de datos que te interesen. También puedes crear tus propios conjuntos de datos con la información que quieras. Además, puedes compartir tus conjuntos de datos con otras personas y ver lo que han hecho con ellos.

Kaggle es una forma divertida y fácil de aprender sobre el aprendizaje automático y la ciencia de datos. Si quieres saber más, puedes visitar su página web y empezar a explorar. ¡Te sorprenderás de lo que puedes hacer con tu ordenador!

http://www.kaggle.com

UTILIZANDO EL MODELO

RAISE Playground es una plataforma de programación con bloques que te permite usar modelos de aprendizaje automático, robots y motores de inteligencia artificial para hacer proyectos.

En RAISE Playground puedes usar bloques de diferentes colores y formas para crear tus propios programas. Cada bloque representa una acción, una condición, una variable o un valor. Puedes combinar los bloques como si fueran piezas de un rompecabezas para hacer que tu programa haga lo que quieras. Por ejemplo, puedes hacer un programa que reconozca tu cara y te salude, o un programa que toque una canción cuando le digas el nombre de un instrumento. Accede entrando en:

https://dancingwithai.media.mit.edu/

Y haz clic en "Open POSEBLOCKS"

En el RAISE Playground puedes usar modelos de aprendizaje automático, robots y motores de inteligencia artificial que ya están hechos o que puedes crear tú mismo utilizando Teachable Machine.

Para utilizar tu modelo, primero tienes que exportarlo y obtener una URL en Teachable Machine. Puedes encontrar la información sobre cómo exportar unas páginas más atrás, en el punto:

 **EXPORTAR EL MODELO**

En RAISE Playground tienes que añadir la extensión llamada "Teachable Machine". Para añadir una extensión haz clic en el icono:

Seleccionas la extensión de "Teachable Machine".

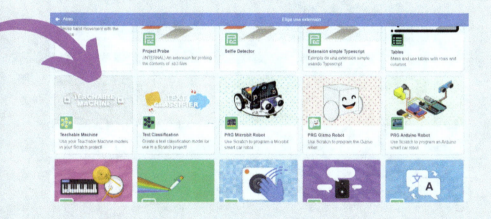

En el RAISE Playground puedes usar modelos de aprendizaje automático, robots y motores de inteligencia artificial que ya están hechos o que puedes crear tú mismo utilizando Teachable Machine.

Y aparecerán los bloques para utilizar tu modelo, combinando con el resto de bloques (que se usan como en SCRATCH)

Si no te funciona correctamente la url y ves que el modelo no carga, puedes probar con esta otra: https://playground.raise.mit.edu/httyr/

Si no conoces bien SCRATCH o te gustaría aprender a utilizarlo aprovechando todo su potencial.

Scratch para niños... y no tan niños

Aprende Scratch desde cero.
Libro más vendido en Amazon en su categoría.

Puedes encontrarlo en AMAZON o escaneando este código QR.

PARTE 1

PROYECTOS DE IMÁGENES

¿ESTÁS CONTENTO?

En este primer proyecto vamos a detectar si una cara, ya sea pasando una foto o bien con nuestra propia cámara web, expresa gestos de alegría o de tristeza. Aunque lo vamos a hacer con esos dos sentimientos, puedes probar a hacerlo con alguno más para incrementar la dificultad: enfado, nervios, etc.

Nuevo proyecto

 Abrir un proyecto desde Drive.   Abrir un proyecto desde un archivo.

Proyecto de imagen

Realiza la preparación con imágenes de archivos o de la webcam.

Proyecto de audio

Realiza la preparación basándote en sonidos de un segundo de duración, desde archivos o usando tu micrófono.

Proyecto de posturas

Realiza la preparación con imágenes de archivos o de la webcam.

Elegiremos el "Proyecto de imagen"

1 CATEGORÍAS

Para este proyecto vamos a necesitar crear **dos categorías,** ya que sólo queremos distinguir dos expresiones de sentimientos: contento y triste.

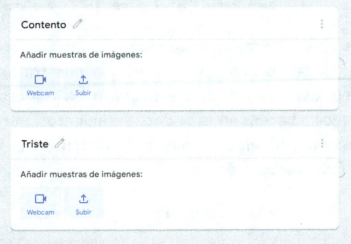

2 MUESTRAS

Vamos a obtener las muestras de la web de **KAGGLE**, en particular, voy a elegir el siguiente conjunto.

Descargamos un lote de imágenes y los cargamos en las categorías que hemos creado.

3 PROCESAR

Como ya tenemos cargadas las muestras y creadas las categorías, nos faltaría **lanzar el procesamiento.**

4 PRUEBAS

Para las pruebas, podemos utilizar nuestra **webcam** y poner cara de estar contento o de estar triste, o bien, coger **imágenes** de internet o de las que hemos descargado (mejor si no la hemos utilizado para las muestras).

Normalmente, no tendremos un 100% de "seguridad" para ninguna de las fotos pero sí podremos ver si el porcentaje es suficientemente alto como para decidir si está "contento" o "triste"

Podemos guardar nuestro proyecto en **Google Drive**, nos pedirá nuestro usuario y contraseña y posteriormente que indiquemos un nombre.

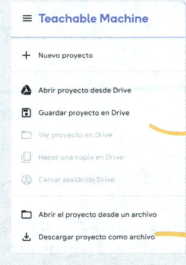

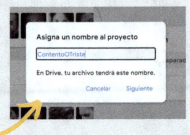

O bien, **guardarlos en nuestro propio ordenador**, tendremos un documento "TM".

Exportar nos servirá para "trasladar" nuestro sistema para usarlo en otros proyectos.

Podemos guardar nuestro proyecto en **Google Drive**, nos pedirá nuestro usuario y contraseña y posteriormente que indiquemos un nombre.

¡CAZANDO POKEMONS!

¿Te gustan los Pokémon? ¿Sabes cómo se llaman? En este proyecto vamos a aprender a reconocer los nombres de los Pokémon más famosos usando la inteligencia artificial. Vamos a usar una foto o nuestra cámara web para ver si un Pokémon es Pikachu, Charmander, Squirtle, Bulbasaur o Eevee. ¿Estás listo para empezar esta aventura? ¡Vamos allá!

Nuevo proyecto

☁ Abrir un proyecto desde Drive. 📁 Abrir un proyecto desde un archivo.

Proyecto de imagen

Realiza la preparación con imágenes de archivos o de la webcam.

Proyecto de audio

Realiza la preparación basándote en sonidos de un segundo de duración, desde archivos o usando tu micrófono.

Proyecto de posturas

Realiza la preparación con imágenes de archivos o de la webcam.

Elegiremos el "Proyecto de imagen"

CATEGORÍAS

1

Para este proyecto vamos a necesitar crear **cinco categorías,** una por cada uno de los personajes que queremos distinguir en nuestro sistema.

Una vez añadidas las dos primeras clases: Pikachu y Charmander, pulsaremos en "Añadir otra clase" para seguir creando más tipos de Pokemon, así hasta llegar a los cinco personajes que vamos a distinguir.

2 MUESTRAS

Vamos a obtener las muestras de la web de **KAGGLE**, en particular, voy a elegir el siguiente conjunto.

Descargamos un lote de imágenes y los cargamos en las categorías que hemos creado.

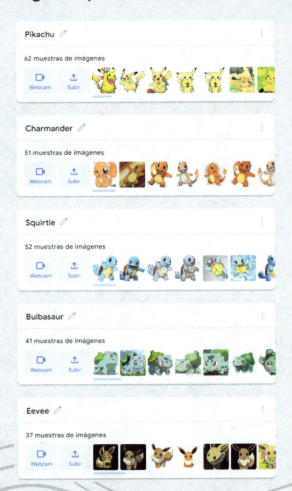

3 PROCESAR

Como ya tenemos cargadas las muestras y creadas las categorías, nos faltaría **lanzar el procesamiento.**

4 PRUEBAS

En este proyecto, para las pruebas, vamos a utilizar la cámara web del PC, buscaremos imágenes en nuestro teléfono móvil o incluso podemos dibujar los personajes y los mostraremos a la cámara web para ver en qué clase los clasifica nuestro sistema.

En ambas pruebas vemos que ha clasificado con un índice muy alto de fiabilidad las dos imágenes.

Podemos guardar nuestro proyecto en **Google Drive**, nos pedirá nuestro usuario y contraseña y posteriormente que indiquemos un nombre.

O bien, **guardarlos en nuestro propio ordenador**, tendremos un documento "TM".

ANALIZANDO LOS RESULTADOS

PRECISIÓN POR CLASE

CLASS	ACCURACY	# SAMPLES
Pikachu	1.00	10
Charmander	1.00	8
Squirtle	1.00	8
Bulbasaur	1.00	7
Eevee	0.83	6

Aquí vemos la precisión que ha tenido para cada uno de los pokemon. En todos ha tenido 1.00, es decir, 100%, no ha fallado, excepto en Eevee que se le ha dado un poquito peor: 83% de precisión.

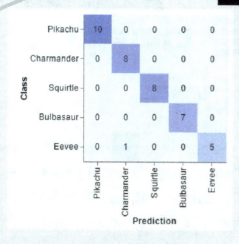

MATRIZ DE CONFUSIÓN

Observando esta tabla, podemos ver que la mayoría de los casos están en la diagonal, es decir, las predicciones que ha hecho nuestro sistema han acertado con el pokemon correpondiente. Los resultados son ¡excelentes!

PRECISIÓN Y PÉRDIDA POR ÉPOCA

Aquí vemos que, según iban pasando los ciclos de entrenamiento (acc) y de pruebas (test) se acercaba más al 100% de precisión, lo cual es un muy buen indicador.

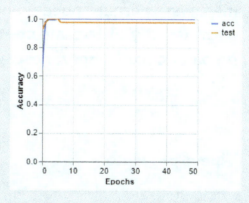

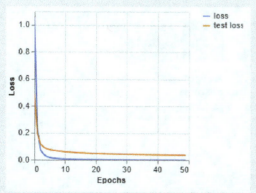

Recordemos que la pérdida por época, es que en cada ciclo, se revisa lo que el sistema adivina respecto a la respuesta correcta. Como se ve en la gráfica, en el ciclo (epoch) número 50 es casi 0, por tanto, ¡casi no hay error!

En resumen... ¡HEMOS CONSEGUIDO UN SÚPER SISTEMA DE DETECCIÓN DE POKEMON!

¿QUÉ ME PASA, DOCTOR?

¿Te interesan las radiografías? ¿Sabes interpretarlas? En este proyecto vamos a descubrir cómo la inteligencia artificial nos puede ayudar a analizar radiografías de pacientes sanos y de pacientes con COVID. La inteligencia artificial es una herramienta muy poderosa para la medicina, porque puede apoyar a los médicos en el diagnóstico y el tratamiento de las enfermedades. ¿Estás preparado para empezar esta experiencia? ¡Adelante!

Nuevo proyecto

Proyecto de imagen
Realiza la preparación con imágenes de archivos o de la webcam.

Proyecto de audio
Realiza la preparación basándote en sonidos de un segundo de duración, desde archivos o usando tu micrófono.

Proyecto de posturas
Realiza la preparación con imágenes de archivos o de la webcam.

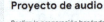

Elegiremos el "Proyecto de imagen"

1 CATEGORÍAS

Para este proyecto vamos a necesitar crear **dos categorías,** una para radiografías con COVID y otra para radiografías NORMALES.

2 MUESTRAS

Vamos a obtener las muestras de la web de **KAGGLE**, en particular, voy a elegir el siguiente conjunto.

Descargamos un lote de imágenes y los cargamos en las categorías que hemos creado.

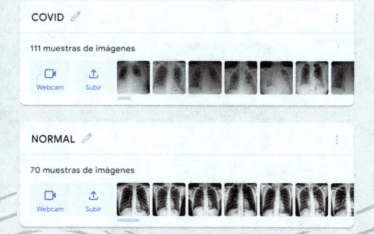

3
PROCESAR

Como ya tenemos cargadas las muestras y creadas las categorías, nos faltaría **lanzar el procesamiento.**

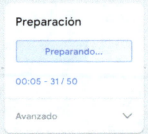

4
PRUEBAS

En este caso, para la prueba, elegimos la entrada de tipo "ARCHIVO" y cogemos imágenes de radiografías. Podemos usar las que están en la carpeta TEST (pruebas) de Kaggle, y así no serán las mismas de la carpeta TRAIN (entrenamiento)

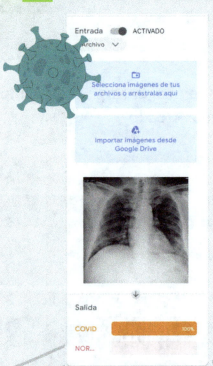

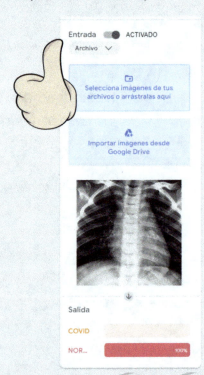

5

GUARDAR Y EXPORTAR

Podemos guardar nuestro proyecto en **Google Drive**, nos pedirá nuestro usuario y contraseña y posteriormente que indiquemos un nombre.

O bien, **guardarlos en nuestro propio ordenador**, tendremos un documento "TM".

ANALIZANDO LOS RESULTADOS

PRECISIÓN POR CLASE

Precisión por clase

CLASS	ACCURACY	# SAMPLES
COVID	1.00	17
NORMAL	0.91	11

Un 1.00 en COVID quiere decir que en los 17 casos que ha probado, ha acertado en todos. En cambio, en los casos de radiografía normal, tiene un 0.91 (91%), lo que quiere decir que en un caso de cada 10 de los normales, el sistema ha pensado que era COVID.

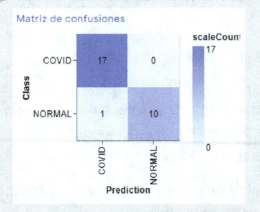

MATRIZ DE CONFUSIÓN

Por un lado vemos las clases y en la base, las predicciones. Es casi perfecto excepto en un caso, en que la clase era "Normal" y el sistema predijo que era "Covid".

PRECISIÓN Y PÉRDIDA POR ÉPOCA

Según han avanzado las épocas, la precisión ha aumentado hasta rozar el 100%,

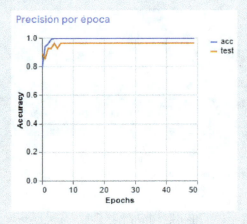

Tenemos una pérdida final menor al 0.1, lo cual es muy buen índice. Implica que el sistema hace muy buenas predicciones.

TÚ ERES UN JOYSTICK

¿Te gustan los videojuegos? ¿Te imaginas poder controlarlos con tus propias manos? En este proyecto vamos a descubrir cómo la inteligencia artificial nos puede ayudar a crear gestos de la mano que el ordenador reconozca y traduzca en acciones en el juego. La inteligencia artificial es una herramienta muy poderosa para el ocio, porque puede hacer que nuestra experiencia sea más interactiva y divertida. ¿Estás listo para comenzar esta aventura? ¡Vamos allá!

Nuevo proyecto

△ Abrir un proyecto desde Drive.   ☐ Abrir un proyecto desde un archivo.

Proyecto de imagen

Realiza la preparación con imágenes de archivos o de la webcam.

Proyecto de audio

Realiza la preparación basándote en sonidos de un segundo de duración, desde archivos o usando tu micrófono.

Proyecto de posturas

Realiza la preparació imágenes de arc webcam.

Elegiremos el "Proyecto de imagen"

1

Para este proyecto vamos a necesitar crear **cinco categorías,** cada una de ellas hará que un personaje de video juego pueda moverse hacia arriba, abajo, izquierda o derecha. Habrá otra para que esté parado.

2

MUESTRAS

Para este ejemplo no vamos a obtener las muestras de Kaggle, las vamos a grabar a partir de nuestras propias manos. Primero pulsaremos en el icono de "Webcam".

Luego vamos a cambiar la forma de grabar pulsando en el icono del engranaje.

Desactivamos el "Mantén pulsado para grabar" y dejamos el resto de configuraciones. Luego pulsamos en "Guardar ajustes"

Ahora ya podemos ir capturando las imágenes de nuestra mano durante 6 segundos para cada clase (arriba, abajo, izquierda, derecha y parado).

Grabar 6 segundos

Podemos ir grabando los gestos que consideremos para cada dirección del joystick. Es importante que la mano quede bien enfocada, usando casi todo el espacio de grabación.

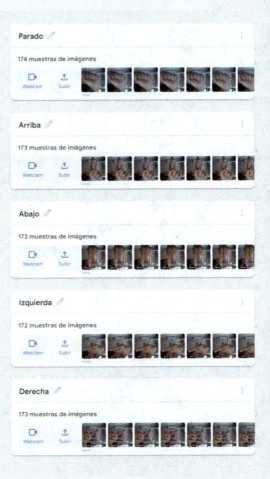

3 PROCESAR

Como ya tenemos cargadas las muestras y creadas las categorías, nos faltaría **lanzar el procesamiento**.

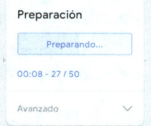

Preparación

Preparando...

00:08 - 27 / 50

Avanzado ∨

4 PRUEBAS

En este caso, para la prueba, elegimos la entrada de tipo "Webcam" y vamos haciendo los gestos que hemos definido para cada uno de los movimientos del joystick (arriba, abajo, izquierda, derecha y parado).

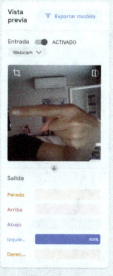

¡Funciona súper bien!

Podemos guardar nuestro proyecto en **Google Drive**, nos pedirá nuestro usuario y contraseña y posteriormente que indiquemos un nombre.

O bien, **guardarlos en nuestro propio ordenador**, tendremos un documento "TM".

En el **PROYECTO 5** vamos a utilizar la exportación de este proyecto para aplicarlo en **MIT Media Lab**.

ANALIZANDO LOS RESULTADOS

PRECISIÓN POR CLASE

Precisión por clase		
CLASS	ACCURACY	# SAMPLES
Parado	1.00	27
Arriba	1.00	26
Abajo	1.00	26
Izquierda	1.00	26
Derecha	1.00	26

Podemos observar una precisión del 100% en las pruebas que se han hecho con las muestras utilizadas para la fase de "test".

MATRIZ DE CONFUSIÓN

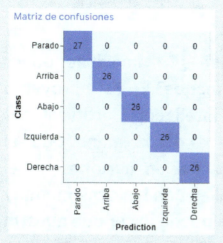

La matriz de confusión nos corrobora los buenos resultados, no hay ninguna predicción que haya fallado, todas han coincidido con la clase que representaban.

PRECISIÓN Y PÉRDIDA POR ÉPOCA

La precisión por época nos muestra que, desde el principio, el sistema logró adquirir bien y detectar las posiciones y gestos que se hacían con las manos, lo cual, era esperado ya que son bastante distintas entre ellas.

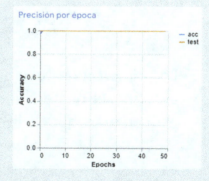

En esta gráfica vemos que no hay apenas error desde los primeros procesamientos.

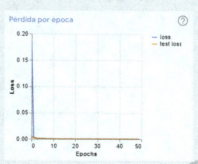

MINI GOLF

¿Te gustan los videojuegos? ¿Te imaginas poder controlarlos con tus propias manos? En este proyecto vamos a descubrir cómo la inteligencia artificial nos puede ayudar a crear gestos de la mano que el ordenador reconozca y traduzca en acciones en el juego. La inteligencia artificial es una herramienta muy poderosa para el ocio, porque puede hacer que nuestra experiencia sea más interactiva y divertida. ¿Estás listo para comenzar esta aventura? ¡Vamos allá!

1 - EXPORTAR EL MODELO

Lo primero que tenemos que hacer es, a partir del proyecto anterior, el número 4, hacer clic en "Exportar modelo", que está en el bloque de la derecha (Vista previa).

Pulsamos en el botón y, una vez aparezca el enlace, podremos copiarlo para utilizarlo en otras aplicaciones.

2 - AÑADIR EXTENSIÓN

A continuación abrimos la página de Raise Playground y añadimos la extensión de Teachable Machine.

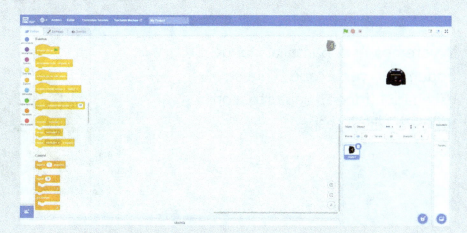

Hacemos clic sobre la extensión para añadirla al proyecto.

Vamos a empezar cambiando el fondo, lo primero, buscaremos en internet alguna imagen con cesped, verde o similar y la guardamos en nuestro ordenador. Luego, en la parte inferior derecha pulsamos en la parte de escenarios para poder subir un fondo nuevo a nuestro proyecto.

Y veremos esta pantalla, donde podemos ver todo nuestro escenario (fondo) cubierto con un maravilloso cesped.

Ahora seguimos con los "personajes", aunque, nos parezcan personajes raros, son los que llevan la acción para este proyecto. Uno de ellos sería... ¡el hoyo! y el otro... ¿Lo sabes?

En la parte inferior, borraremos primero el personaje que viene por defecto, nos ponemos sobre él y pulsamos en la papelera.

Posteriormente, pulsamos en la LUPA y dentro de todos los objetos que tenemos vamos a elegir uno llamado BUTTON 1, con un pequeño cambio lo vamos a convertir en un bonito hoyo.

Hacemos clic en el objeto y luego, en la parte izquierda, marcamos la pestaña de DISFRACES. Lo que vamos a hacer es rellenar con color negro la parte interior del hoyo.

Y el otro personaje, no podía ser otro que la pelota de golf. Volvemos a repetir la operativa anterior y en este caso, podemos seleccionar uno que se llama "ball".

Ahora simplemente, utilizando el ratón, podemos mover el agujero a una esquina y la pelota a la esquina contraria, para que sea más difícil.

Y después de esos movimientos este debería ser el aspecto del escenario, con el fondo de césped y de los objetos o personajes, con el hoyo y con la pelota.

Si utilizas otras imágenes o las descargas de internet, recuerda que puedes cambiar su tamaño en esta misma pantalla.

¡Ahora vamos a ir colocando los bloques de programación para cada uno de ellos!

Pulsando en el fondo del césped, en la parte anterior de objetos, podremos poner el código para el fondo. Utilizaremos esta parte para arrancar nuestro modelo, utilizando la dirección que hemos copiado del "Exportar" de Teachable Machine. Encendemos el vídeo y fijamos la transparencia como más nos guste, de modo que veamos también la imagen de la webcam.

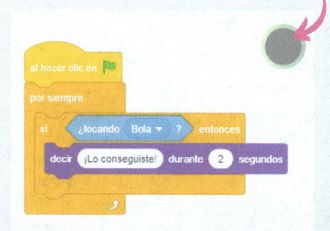

Al hoyo le vamos a encomendar la tarea de detectar si entra la pelota. Para ello usaremos el sensor "Tocando". En caso de que se cumpla la condición pondremos un mensaje tipo "¡Lo conseguiste!"

A la pelota de golf le vamos a aplicar más bloques que al hoyo pero son todos sencillos. Simplemente detectaremos los movimientos de la mano y según ellos utilizaremos la instrucción "apuntar en dirección" y "mover", así conseguiremos desplazar correctamente la pelota.

¡Recuerda pulsar siempre en el objeto o personaje al cual le vas a aplicar los bloques de código! Sabrás sobre cuál estás actuando según el dibujo de la parte superior derecha".

4 - PROBAR

¡Ya sólo nos falta probar!

Pulsa en la bandera verde para ejecutar tu programa y comienza a mover la mano según los gestos que hayas creado en el proyecto anterior (Proyecto 4 | Tú eres un joystick).

En el momento que la pelota toque el hoyo debería aparecer el mensaje "¡Lo conseguiste!".

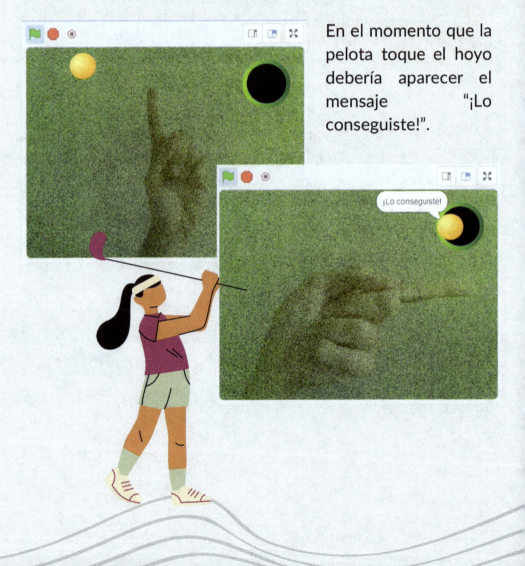

TU CARA ME SUENA

¿Qué te fascinan las caras? ¿Te gustaría poder identificar tu propia cara entre miles de rostros diferentes? En este proyecto vamos a aprender cómo la inteligencia artificial nos puede ayudar a crear un sistema de reconocimiento facial que distinga nuestra cara de las demás. La inteligencia artificial es una herramienta muy útil para la seguridad, porque puede hacer que nuestro acceso a dispositivos o lugares sea más personalizado y protegido. ¿Estás preparado para iniciar este reto? ¡Adelante!

Nuevo proyecto

Proyecto de imagen

Realiza la preparación con imágenes de archivos o de la webcam.

Proyecto de audio

Realiza la preparación basándote en sonidos de un segundo de duración, desde archivos o usando tu micrófono.

Proy
pos

Rea
ima
we

Elegiremos el
"Proyecto de
imagen"

Para este proyecto vamos a necesitar crear **dos categorías,** una con mis propias fotos y otra con fotos de otras personas al azar. Las llamaremos, "Sergio" y "Otros". Otro modo podría ser: "Yo" y "No yo"

Sergio ✏

Añadir muestras de imágenes:

🎥 Webcam   ⬆ Subir

Otros ✏

Añadir muestras de imágenes:

🎥 Webcam   ⬆ Subir

En este proyecto vamos a tomar muestras de la webcam, para la clase "Sergio" y de Kaggle, para la clase "Otros".

Ajustes

FPS: 24

Mantén pulsado para grabar
⬤ DESACTIVADO

Retraso: 2 segundos

Duración: 20 segundos

Después de configurar la duración de la grabación pulsamos el botón y obtendremos 700 imágenes. Es importante girar la cabeza para sacar varias perspectivas distintas de la cara.

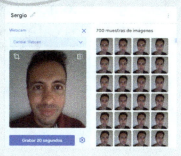

Y finalmente nos bajamos el siguiente conjunto de KAGGLE para obtener caras de personas. Curiosamente, las imágenes de contiene son de personas "no reales", es decir, son imágenes generadas por una inteligencia artificial.

Encontramos dos carpetas en la descarga: Female (mujeres) y Male (hombres). Para igualar con las fotos que he generado de mi cara, copiaremos 350 de cada carpeta.

3 PROCESAR

Como ya tenemos cargadas las muestras y creadas las categorías, nos faltaría **lanzar el procesamiento.**

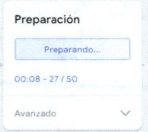

4 PRUEBAS

En este caso, para la prueba, elegimos la entrada de tipo "Webcam" y bien, puedo enfocarme a mí o bien enfocar a imágenes de otras personas que ponga en la pantalla del móvil. También podemos hacer las pruebas con imágenes (sin usar webcam).

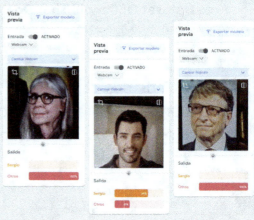

Como se puede ver, el sistema me detecta muy bien y me distingue perfectamente de Margaret Hamilton y de Bill Gates.

¡Aunque me parezco bastante al presentador norteamericano Drew Scott!

5

GUARDAR Y EXPORTAR

Podemos guardar nuestro proyecto en **Google Drive**, nos pedirá nuestro usuario y contraseña y posteriormente que indiquemos un nombre.

O bien, **guardarlos en nuestro propio ordenador**, tendremos un documento "TM".

En el **PROYECTO 5** vamos a utilizar la exportación de este proyecto para aplicarlo en **MIT Media Lab**.

ANALIZANDO LOS RESULTADOS

PRECISIÓN POR CLASE

Precisión por clase

CLASS	ACCURACY	# SAMPLES
Sergio	1.00	105
Otros	1.00	105

Podemos observar una precisión del 100% en las pruebas que se han hecho con las muestras utilizadas para la fase de "test".

MATRIZ DE CONFUSIÓN

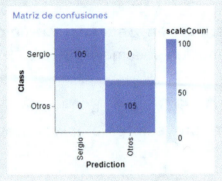

La matriz de confusión nos da muy buenos resultados. No ha habido ningún ejemplo de una clase cuya predicción haya sido incorrecta.

PRECISIÓN Y PÉRDIDA POR ÉPOCA

La precisión por época nos muestra que desde el primer momento se alcanzan valores del 100%.

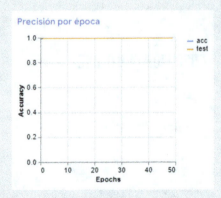

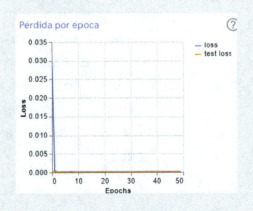

En esta gráfica vemos que no hay apenas error desde los primeros procesamientos.

DESBLOQUEO FACIAL

¿Te gusta la seguridad? ¿Te imaginas poder desbloquear tu móvil con tu propia cara? En este proyecto vamos a aprender cómo la inteligencia artificial nos puede ayudar a crear un sistema de reconocimiento facial que identifique nuestra cara y nos permita acceder al móvil. La inteligencia artificial es una herramienta muy útil para la seguridad, porque puede hacer que nuestro dispositivo sea más personalizado y protegido. ¿Estás listo para empezar este reto? ¡Adelante!

1 - EXPORTAR EL MODELO

Lo primero que tenemos que hacer es, a partir del proyecto anterior, el número 6, hacer clic en "Exportar modelo", que está en el bloque de la derecha (Vista previa).

Pulsa en el botón ☁ Subir mi modelo y posteriormente copia el enlace que aparece y que servirá para utilizarlo posteriormente.

2 - AÑADIR EXTENSIÓN

A continuación abrimos la página de Raise Playground y añadimos la extensión de Teachable Machine.

Hacemos clic sobre la extensión para añadirla al proyecto.

3 - PROGRAMAR

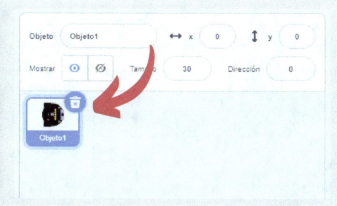

Lo primero que haremos es borrar al personaje porque para este proyecto vamos a utilizar a otros distintos.

En concreto, usaremos una imagen de un móvil bloqueado y otra del mismo móvil desbloqueado.

Puedes buscar imágenes similares en cualquier buscador de internet.

En mi proyecto voy a utilizar estas dos imágenes. Puedes también optar por dibujarlas tú mismo con el editor que incorpora el entorno.

En la parte inferior derecha de la sección de objetos o personajes, podemos hacer clic en el "gato" y luego en el icono para subir nuestro propio objeto. Si pulsas en el icono del pincel podrás dibujarlo tú mismo.

Una vez tengamos nuestro móvil bloqueado, vamos a crear un "disfraz". Si no te acuerdas, un "disfraz" es un modo de dar otra apariencia a un mismo objeto. En este caso, subiremos el móvil "desbloqueado". Por tanto, tendremos un objeto que tiene dos disfraces: bloqueado y desbloqueado.

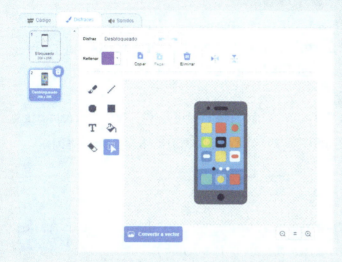

Y así lucirá la pantalla con los dos disfraces cargados. La base de los bloques que crearemos después será mostrar un disfraz u otro dependiendo de si se produce el desbloqueo o no.

Pulsamos en el objeto para introducir sus bloques.

Al hacer clic en la bandera verde iniciamos el modelo, encendemos la cámara y fijamos la transparencia.

Además, cambiamos el disfraz a "Bloqueado" para que inicie siempre así.

```
al hacer clic en 🏳

use model  https://teachablemachine.withgoogle.com/models/I2IHJL4dP/

encender ▾  vídeo

fijar transparencia de vídeo a  50

cambiar disfraz a  Bloqueado ▾


when model detects  Sergio ▾

decir  Desbloqueando  durante  2  segundos

cambiar disfraz a  Desbloqueado ▾


when model detects  Otros ▾

decir  Usuario no reconocido  durante  2  segundos
```

Luego tendremos que añadir dos casos:

Cuando se detecte "Sergio", que sería el propietario del móvil. En ese caso se dice "Desbloqueando" y se cambia el disfraz al llamado "Desbloqueado".

Si es otros, diremos "Usuario no reconocido" y no tendremos que hacer cambio de disfraz pues no se tiene que desbloquear.

4 - PROBAR

La primera prueba será para ver si con alguien que no es propietario del móvil se queda bloqueado.

Hacemos la prueba con una foto de la famosísima astronauta Sara García Alonso.

Efectivamente, como no es la propietaria del móvil, sale el mensaje de "Usuario no reconocido" y el móvil sigue bloqueado.

Por el contrario, si soy yo quien aparece ante la cámara, aparecerá el texto "Desbloqueando" y se mostrará el disfraz del móvil desbloqueado.

¡FUNCIONA PERFECTAMENTE!

PARTE 2

PROYECTOS DE SONIDOS

¿QUIÉN DA LA NOTA?

¡Hola, bienvenido al intrigante mundo de "¿Quién da la nota?"! Te embarcarás en un viaje melódico como ningún otro. En este proyecto, te convertirás en un investigador acústico con la misión de construir un sistema capaz de identificar los sonidos únicos de los instrumentos en un quinteto de viento: trompa, fagot, flauta, clarinete y oboe. Imagina descifrar cada melodía y desentrañar los secretos que los instrumentos guardan. Acompáñanos en "¿Quién da la nota?" y explora cómo estos instrumentos se convierten en las estrellas sonoras que revelan su identidad en el reino de los sonidos.

Nuevo proyecto

☁ Abrir un proyecto desde Drive.   ☐ Abrir un proyecto desde un archivo.

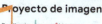

Proyecto de imagen

Realiza la preparación con imágenes de archivos o de la webcam.

Proyecto de audio

Realiza la preparación basándote en sonidos de un segundo de duración, desde archivos o usando tu micrófono.

Proyecto de posturas

Realiza la preparación con imágenes de archivos o de la webcam.

Elegiremos el "Proyecto de audio"

Para este proyecto vamos a necesitar crear **cinco categorías,** una por cada uno de los instrumentos que queremos distinguir en nuestro sistema. Además, al ser un proyecto de audio, hay que grabar el "sonido de fondo" que tengamos en el lugar donde estemos.

Ruido de fondo ⑦

Añadir muestras de audio (20 como mínimo):

🎤 Micrófono   ⬆ Subir

Trompa ✏

Añadir muestras de audio (8 como mínimo):

🎤 Micrófono   ⬆ Subir

Fagot ✏

Añadir muestras de audio (8 como mínimo):

🎤 Micrófono   ⬆ Subir

Flauta ✏

Añadir muestras de audio (8 como mínimo):

🎤 Micrófono   ⬆ Subir

Oboe ✏

Añadir muestras de audio (8 como mínimo):

🎤 Micrófono   ⬆ Subir

Clarinete ✏

Añadir muestras de audio (8 como mínimo):

🎤 Micrófono   ⬆ Subir

2 MUESTRAS

Al ser un proyecto de audio o sonidos, uno de los modos más fácil para introducirlos, es hacer grabaciones desde nuestro móvil o cualquier otro dispositivo. Vamos a utilizar Youtube para obtener los sonidos de cada instrumento, en concreto, con el siguiente vídeo.

Ahora tenemos que ir "rellenando" cada una de las clases con las muestras de sonido.

Elegimos "Micrófono" y posteriormente pulsamos en el icono del engranaje para configurar.

Podemos configurar la duración de la muestra, por cada segundo de grabación, Teachable Machine genera una muestra. Para este proyecto escogeremos 20 segundos. Luego guardamos los ajustes pulsando en el botón.

Comenzamos la grabación acercando el móvil o dispositivo emisor del audio al micrófono de nuestro ordenador.

Finalmente, no hay que olvidarse de pulsar el botón "Extraer muestra" para que se convierta el audio grabado en muestras de sonido.

Seguimos grabando los audios para cada una de las clases hasta que tengamos las cinco (y también la del Ruido de Fondo) con al menos 8 muestras cada una (es el mínimo que exige Teachable Machine). Recuerda que cuantas más muestras (mayor duración del audio) es más probable construir un sistema más fiable.

3 PROCESAR

Como ya tenemos cargadas las muestras y creadas las categorías, nos faltaría **lanzar el procesamiento.**

Preparación

Preparando...

00:18 - 3 / 50

Avanzado

4 PRUEBAS

En este proyecto, para las pruebas, podemos utilizar vídeos de youtube, sonidos de instrumentos, etc. Incluso, si tú tocas un instrumento puedes aprovechar y probar el sistema.

Es muy importante incluir en este punto el "Factor de superposición": es un número que indica cuánto se solapan los trozos de sonido que el ordenador analiza. Si el número es alto, el ordenador escucha más veces el sonido y lo reconoce mejor, pero también "se esfuerza más". Si el número es bajo, el ordenador escucha menos veces el sonido y lo reconoce peor, pero también "se relaja más". Tú puedes cambiar el número y probar cómo funciona mejor tu sistema.

Vista previa — Exportar modelo

Entrada — ACTIVADO

Cambiar Micrófono

Factor de superposición:
0,75 (?)

Salida

Ruido de fondo
Trompa
Fagot
Flauta
Oboe
Clarin... 92%

Podemos guardar nuestro proyecto en **Google Drive**, nos pedirá nuestro usuario y contraseña y posteriormente que indiquemos un nombre.

O bien, **guardarlos en nuestro propio ordenador**, tendremos un documento "TM".

ANALIZANDO LOS RESULTADOS

PRECISIÓN Y PÉRDIDA POR ÉPOCA

Podemos ver en los resultados que es un sistema complejo, pese a todos conseguimos una fiabilidad en torno al 80 %.

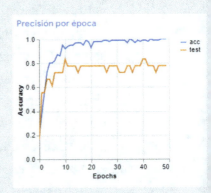

Las pérdidas son mayores que en otros proyectos. Podrías intentar mejorar el sistema añadiendo muestras de más de 20 segundos y más variedad de muestras.

CARDIO AI

¡Bienvenidos a "CardioAI"! En este emocionante viaje científico, te sumergirás en el asombroso mundo de la inteligencia artificial aplicada a la medicina. Tu misión: crear un sistema que escuche el latido del corazón humano y determine si es un corazón sano o si presenta señales de un soplo.

Un soplo cardíaco es un ruido extraño que el médico escucha en el corazón. Puede ser porque algo no está funcionando normalmente en el corazón, como una puerta que no se cierra bien.

¡Acompáñanos en este viaje médico y descubre cómo la inteligencia artificial se convierte en el aliado perfecto para cuidar de nuestros corazones!

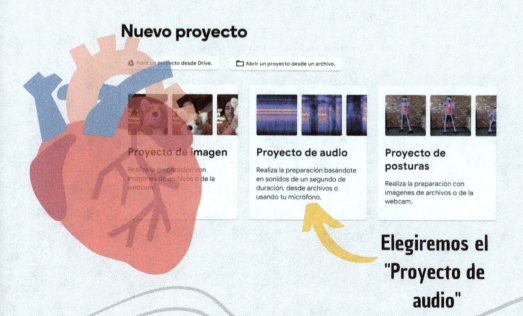

Nuevo proyecto

Abrir un proyecto desde Drive.   Abrir un proyecto desde un archivo.

Proyecto de imagen
Realiza la preparación con imágenes de archivos o de la webcam.

Proyecto de audio
Realiza la preparación basándote en sonidos de un segundo de duración, desde archivos o usando tu micrófono.

Proyecto de posturas
Realiza la preparación con imágenes de archivos o de la webcam.

Elegiremos el "Proyecto de audio"

1 CATEGORÍAS

Para este proyecto vamos a necesitar crear **dos categorías,** una para el latido normal y otra para el latido con un soplo. Además, al ser un proyecto de audio, hay que grabar el "sonido de fondo" que tengamos en el lugar donde estemos.

Ruido de fondo ⑦

Añadir muestras de audio (20 como mínimo):

🎤 Micrófono　　⬆ Subir

Normal ✏

Añadir muestras de audio (8 como mínimo):

🎤 Micrófono　　⬆ Subir

Soplo ✏

Añadir muestras de audio (8 como mínimo):

🎤 Micrófono　　⬆ Subir

2 MUESTRAS

Al ser un proyecto de audio o sonidos, uno de los modos más fácil para introducirlos, es hacer grabaciones desde nuestro móvil o cualquier otro dispositivo. Vamos a utilizar Youtube para obtener los sonidos de latidos de corazón. En concreto, utilizaremos lo siguiente:

La cuenta de Youtube se llama: "ZoneMed" y tiene algunos vídeos que nos servirán para este ejemplo.

En este caso, entraremos a la sección de "shorts" y una vez ahí, elegiremos los siguientes: "Normal" y, en mi caso, he elegido "Regurgitación (Insuficiencia) Aórtica Soplo diastólico". Puedes elegir cualquiera de ellos, o de otras cuentas de Youtube u otras webs.

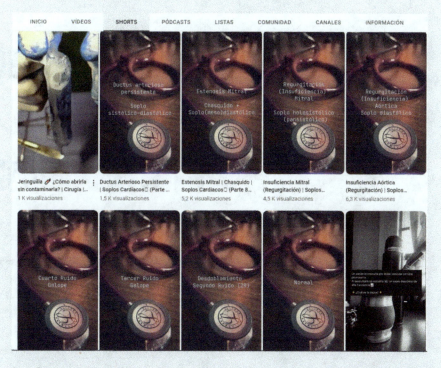

Lo importante es que utilicemos el móvil (o cualquier otro dispositivo similar) para generar los sonidos que vamos a grabar en las muestras de nuestro sistema.

Ahora grabamos el ruido de fondo que tengamos en el lugar donde estemos, y para cada clase (Normal y Soplo) iremos haciendo una grabación con el micrófono del sonido que emita el móvil al ver el vídeo.

Como ya tenemos cargadas las muestras y creadas las categorías, nos faltaría **lanzar el procesamiento.**

4 PRUEBAS

Para realizar las pruebas, lo ideal es buscar otros vídeos o sonidos similares y ver si nuestro sistema clasifica bien el latido normal y el soplo.

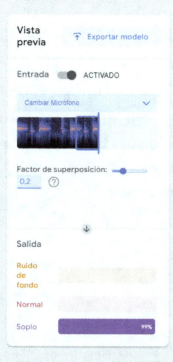

5 GUARDAR Y EXPORTAR

Podemos guardar nuestro proyecto en **Google Drive**, nos pedirá nuestro usuario y contraseña y posteriormente que indiquemos un nombre.

O bien, **guardarlos en nuestro propio ordenador**, tendremos un documento "TM".

ANALIZANDO LOS RESULTADOS

PRECISIÓN Y PÉRDIDA POR ÉPOCA

Es uno de los sistemas más complicados de este libro, aún así, se consigue rondar el 75% de acierto. Una mayor cantidad de muestras podría mejorar este porcentaje.

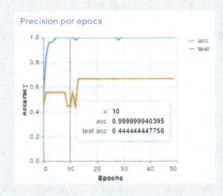

Las pérdidas en este sistema están en torno al 0.6, por tanto, un 6%. Se nota la dificultad de clasificar los latidos, si comparamos con algún proyecto de imágenes, como el de Pokemon, se tenían pérdidas de prácticamente 0%.

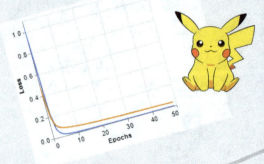

PARTE 3

PROYECTOS DE POSTURAS

¿ERES UN YOGUI?

¿Alguna vez te imaginaste que la tecnología podría entender el yoga? Aquí vamos a combinarlos: vamos a crear una inteligencia artificial que pueda identificar las posturas de yoga que haces. Será como enseñarle a las máquinas a hacer yoga contigo. . ¡Vamos a comenzar esta emocionante aventura en el mundo de la IA y el yoga, contigo en el centro de la acción!

Nuevo proyecto

🔺 Abrir un proyecto desde Drive.   📁 Abrir un proyecto desde un archivo.

Proyecto de imagen

Realiza la preparación con imágenes de archivos o de la webcam.

Proyecto de audio

Realiza la preparación basándote en sonidos de un segundo de duración, desde archivos o usando tu micrófono.

Proyecto de posturas

Realiza la preparación con imágenes de archivos o de la webcam.

Elegiremos el "Proyecto de posturas"

Para este proyecto vamos a necesitar crear **tres categorías,** una por cada una de las posturas de yoga que queremos distinguir en nuestro sistema: goddess, tree y warrior.

Vamos a obtener las muestras de la web de **KAGGLE**, en particular, voy a elegir el siguiente conjunto.

Descargamos un lote de imágenes y los cargamos en las categorías que hemos creado.

Cuando Teachable Machine va procesando las muestras, coloca las líneas que definen la postura de cada persona.

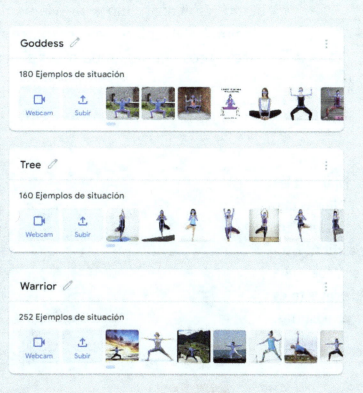

3 PROCESAR

Como ya tenemos cargadas las muestras y creadas las categorías, nos faltaría **lanzar el procesamiento.**

4 PRUEBAS

En este proyecto, para las pruebas, utilizaremos imágenes de la carpeta TEST del conjunto que hemos descargado previamente. Para ello, elegimos "Archivo" en la parte de "Entrada" y escogemos la imagen para ver si la clasifica bien.

Fíjate en las líneas que salen para clasificar. Esto se debe a que el proyecto es de posturas.

¿Por qué no pruebas a activar la webcam y haces tú las posturas?

5 GUARDAR Y EXPORTAR

Podemos guardar nuestro proyecto en **Google Drive**, nos pedirá nuestro usuario y contraseña y posteriormente que indiquemos un nombre.

O bien, **guardarlos en nuestro propio ordenador**, tendremos un documento "TM".

ANALIZANDO LOS RESULTADOS

PRECISIÓN POR CLASE

Aquí vemos la precisión que ha tenido para cada una de las posturas. Tiene una precisión igual o superior al 95% para "Tree" y "Warrior" y vemos que tiene más problemas para clasificar "Goddess", con un 78%.

Precisión por clase

CLASS	ACCURACY	# SAMPLES
Goddess	0.78	27
Tree	0.96	24
Warrior	0.95	38

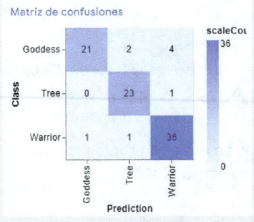

MATRIZ DE CONFUSIÓN

Si analizamos cada postura, tendríamos que, para Goddess, hay 21 casos de acierto y 2 casos en los que el sistema cree que es Tree y otros 4 en los que cree que es Warrior. Con Tree y con Warrior lo hace mejor, habiendo menos casos de error en la clasificaicón.

PRECISIÓN Y PÉRDIDA POR ÉPOCA

Los resultados obtenidos en cuanto a la precisión son buenos, estando por encima del 0.8 (80%) de acierto, sin embargo, no son tan buenos como en ejemplos anteriores. Probablemente la postura "Goddess" está haciendo que no ronden el 100% de precisión.

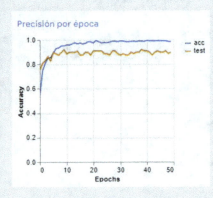

Al igual que en la precisión, las pérdidas por época son mayores que en ejemplos anteriores.

Viendo que no clasifica perfectamente la postura "Goddess" habría que plantearse mejorar el conjunto de muestras para ver si mejora y si se logra rozar el 100% de precisión.

SPORT SPY

¡Bienvenido a "Sport Spy"! Prepárate para una emocionante aventura de espionaje deportivo. En este proyecto, te convertirás en un agente especial para construir un dispositivo que detecte el tiempo que pasas corriendo, caminando, de pie o sentado. ¿El objetivo? Revelar tus hábitos deportivos. ¡Únete a nosotros en "Sport Spy" y descubre cómo tus posturas pueden decir mucho sobre tus actividades deportivas!

Nuevo proyecto

⌂ Abrir un proyecto desde Drive.   ▭ Abrir un proyecto desde un archivo.

Proyecto de imagen

Realiza la preparación con imágenes de archivos o de la webcam.

Proyecto de audio

Realiza la preparación basándote en sonidos de un segundo de duración, desde archivos o usando tu micrófono.

Proyecto de posturas

Realiza la preparación con imágenes de archivos o de la webcam.

Elegiremos el "Proyecto de posturas"

Para este proyecto vamos a necesitar crear **cuatro categorías,** una por cada una de las acciones que queremos detectar.

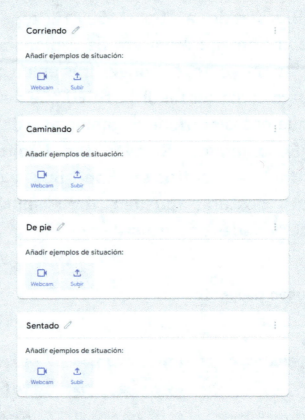

Vamos a obtener las muestras de la web de **KAGGLE**, en particular, voy a elegir el siguiente conjunto.

Descargamos un lote de imágenes y los cargamos en las categorías que hemos creado.

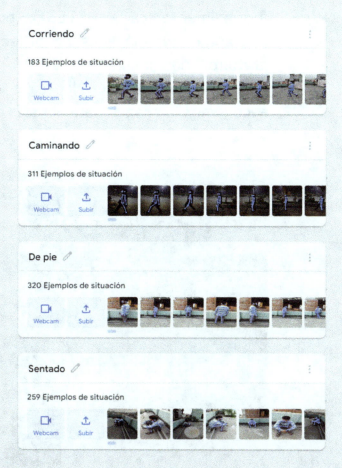

3 PROCESAR

Como ya tenemos cargadas las muestras y creadas las categorías, nos faltaría **lanzar el procesamiento.**

Normalmente, el procesamiento para posturas es más lento que el de imágenes.

4 PRUEBAS

En el conjunto de muestras que estamos utilizando no hay unas determinadas para pruebas (normalmente carpeta TEST), por ello, hemos descargado 4 imágenes de prueba de un banco gratuito de imágenes (PIXABAY). Para ello, elegimos "Archivo" en la parte de "Entrada" y escogemos la imagen para ver si la clasifica bien.

pixabay

En Teachable Machine, elegimos "Archivo" en la parte de "Entrada" y escogemos la imagen para ver si la clasifica bien.

Está clasificando muy bien los tres ejemplos que hemos escogido para: De pie, sentado y corriendo. Sin embargo, para la foto "caminando" ha tenido alguna dificultad y nos da porcentajes de fiabilidad del 33% para "caminando" y del 67% para "de pie". Son sistemas complejos y no siempre tienen el acierto que esperamos.

5 GUARDAR Y EXPORTAR

Podemos guardar nuestro proyecto en **Google Drive**, nos pedirá nuestro usuario y contraseña y posteriormente que indiquemos un nombre.

O bien, **guardarlos en nuestro propio ordenador**, tendremos un documento "TM".

ANALIZANDO LOS RESULTADOS

PRECISIÓN POR CLASE

Precisión por clase

CLASS	ACCURACY	# SAMPLES
Corriendo	0.68	28
Caminando	0.96	47
De pie	0.96	48
Sentado	0.95	39

El sistema ha tenido más dificultad al clasificar la acción "corriendo". Quizá pueda confundirse, en ciertas fotos, con la de "caminando" y con la de "De pie".

MATRIZ DE CONFUSIÓN

Podemos ver que para todas las acciones los resultados son muy buenos, la mayoría de los casos coincide la clase con la predicción realizada. Tiene bastantes fallos en la acción "corriendo". Una posible causa podría ser que hay un numero de muestras menor que en los otros casos.

PRECISIÓN Y PÉRDIDA POR ÉPOCA

Como en los proyectos anteriores, los resultados son muy buenos, tenemos índices de acierto muy altos, en torno al 90% con los casos de prueba (test). Quizá no acercarse más al 100% se podría solucionar ampliando o mejorando las muestras de la clase "corriendo".

No tenemos malos datos en las pérdidas, pero son algo peores que en otros proyectos de este libro.

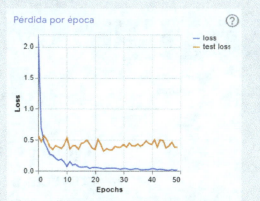

ASIENTO INTELIGENTE

Bienvenidos a "Asiento Inteligente", un viaje fascinante hacia el mundo de la inteligencia artificial y la ergonomía. En estas páginas, exploraremos la emocionante posibilidad de utilizar la tecnología para mejorar nuestra postura al sentarnos. ¿Suena a ciencia ficción? No lo es. Estamos al borde de una revolución que cambiará la forma en que nos sentamos y cuidamos de nuestro bienestar físico. Así que, prepárate para un emocionante viaje al futuro de la comodidad y la salud al sentarte. Juntos, aprenderemos cómo la tecnología puede ser tu mejor amigo para una postura saludable y una vida más confortable. ¡Comencemos este apasionante viaje con "Asiento Inteligente"!

Nuevo proyecto

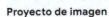 Abrir un proyecto desde Drive.    Abrir un proyecto desde un archivo.

Proyecto de imagen

Realiza la preparación con imágenes de archivos o de la webcam.

Proyecto de audio

Realiza la preparación basándote en sonidos de un segundo de duración, desde archivos o usando tu micrófono.

Proyecto de posturas

Realiza la preparación con imágenes de archivos o de la webcam.

Elegiremos el "Proyecto de posturas"

1 CATEGORÍAS

Para este proyecto vamos a necesitar crear **dos categorías,** una para estar sentado correctamente y la otra para el caso contrario.

2 MUESTRAS

Vamos a obtener las muestras de la web de **KAGGLE**, en particular, voy a elegir el siguiente conjunto.

Descargamos un lote de imágenes y los cargamos en las categorías que hemos creado.

Como ya tenemos cargadas las muestras y creadas las categorías, nos faltaría **lanzar el procesamiento.**

4

PRUEBAS

En este proyecto voy a utilizar mi propia webcam para hacer las pruebas, colocaré el enfoque lateral y probaré una postura buena, con la espalda derecha y los brazos bien alineados y también una postura más forzada, inclinando hacia delante la espalda.

Fíjate en las líneas que salen para clasificar. Esto se debe a que el proyecto es de posturas.

Podemos guardar nuestro proyecto en **Google Drive**, nos pedirá nuestro usuario y contraseña y posteriormente que indiquemos un nombre.

O bien, **guardarlos en nuestro propio ordenador**, tendremos un documento "TM".

ANALIZANDO LOS RESULTADOS

PRECISIÓN POR CLASE

Precisión por clase

CLASS	ACCURACY	# SAMPLES
Bien sentado	1.00	47
Mal sentado	1.00	44

En este caso estamos teniendo una precisión del 100% en las dos clases que hemos creado.

MATRIZ DE CONFUSIÓN

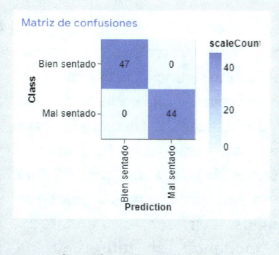

Podemos ver una matriz con unos resultados de prueba perfectos. Los 47 casos de prueba que se ha usado para "Bien sentado" y los 44 para "Mal sentado" han sido clasificados sin fallos.

PRECISIÓN Y PÉRDIDA POR ÉPOCA

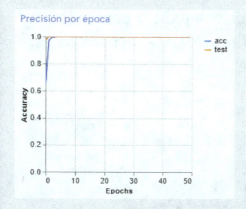

Como ya se veía en las tablas anteriores, rápidamente (en las primeras iteraciones de entrenamiento: "epochs") se ha llegado a una precisión del 100% y a unas pérdidas (errores) del 0%.

Nos ha salido un modelo...
¡PERFECTO!

FALL WATCH

Te invitamos a conocer "Fall Watch", un proyecto sorprendente que une la inteligencia artificial y la seguridad. En este proyecto, aprenderemos la maravillosa posibilidad de aplicar la tecnología para reconocer las caídas de las personas. ¿Te suena a fantasía? No lo es. Estamos frente a un cambio que revolucionará la forma en que protegemos a nuestros mayores y nuestros niños. Así que, acomódate y prepárate para una experiencia al futuro de la prevención y la salud. Juntos, veremos cómo la tecnología puede ser tu mejor compañera para evitar las caídas y aumentar la calidad de vida. ¡Comenzamos este viaje con "Fall Watch"!

Nuevo proyecto

⬥ Abrir un proyecto desde Drive. 📁 Abrir un proyecto desde un archivo.

Proyecto de imagen

Realiza la preparación con imágenes de archivos o de la webcam.

Proyecto de audio

Realiza la preparación basándote en sonidos de un segundo de duración, desde archivos o usando tu micrófono.

Proyecto de posturas

Realiza la preparación con imágenes de archivos o de la webca

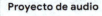

Elegiremos el "Proyecto de posturas"

1

Para este proyecto vamos a necesitar crear **dos categorías,** una para detectar que una persona se ha caído y la otra para lo contrario, cuando no se haya caído.

Caida ✏

⋮

Añadir ejemplos de situación:

📹 Webcam   ⬆ Subir

No caída ✏

⋮

Añadir ejemplos de situación:

📹 Webcam   ⬆ Subir

2

Vamos a obtener las muestras de la web de **KAGGLE**, en particular, voy a elegir el siguiente conjunto.

AHMAD ELWALY · UPDATED 13 DAYS AGO   ▲ 4   New Notebook   ⬇ Download (47 MB)   ⋮

Fall Detection - Wizobot

Fall Detection Model with 2 classifications(Fall Detected , No Fall Detected)

Descargamos las imágenes de muestra y en este caso, nos encontramos con que no hay carpetas para separar cada una de las muestras de cada clase. Hay una única carpeta "train/images" y dentro, tendremos que cargar

fall208_jpg.rf.387 5181f6fa7f30a0a7 9c91fbaa79db6.jp g

not-fallen001_jpg .rf.cb7a906188ed dfee24e73f4d06f3 173a.jpg

correctamente las imágenes según su nombre. Las que muestran una caída empiezan por "fall" y las que sirven para la clase "no caída" empiezan por "not-fallen".

Cargamos las imágenes en cada una de las clases.

3 PROCESAR

Como ya tenemos cargadas las muestras y creadas las categorías, nos faltaría **lanzar el procesamiento.**

4

PRUEBAS

Vamos a utilizar algunas imágenes de la carpeta "test" para realizar las pruebas, así nos aseguraremos que no utilizamos muestras que se han utilizado para el entrenamiento.

5

GUARDAR Y EXPORTAR

Podemos guardar nuestro proyecto en **Google Drive**, nos pedirá nuestro usuario y contraseña y posteriormente que indiquemos un nombre.

O bien, **guardarlos en nuestro propio ordenador**, tendremos un documento "TM".

ANALIZANDO LOS RESULTADOS

PRECISIÓN POR CLASE

Precisión por clase		
CLASS	ACCURACY	# SAMPLES
Caída	0.84	57
No caída	0.93	41

Para este proyecto superamos el 80% en ambas clases, siendo la precisión del 93% detectando "no caídas"

MATRIZ DE CONFUSIÓN

La mayoría de los casos están bien clasificados aunque hay 9 casos (sobre 57) de caídas que el sistema ha predicho como "no caída".

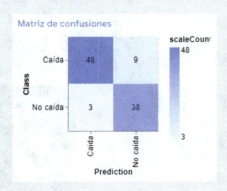

PRECISIÓN Y PÉRDIDA POR ÉPOCA

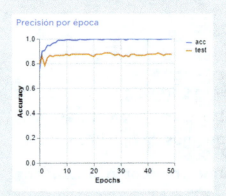

Se puede observar que la precisión es muy alta desde los primeros ciclos de entrenamiento, los errores, en la fase de test, ronda el 8%.

UN DETALLE IMPORTANTE DE LA MATRIZ DE CONFUSIÓN

En este proyecto, vas a poder algo muy importante. Vamos a analizar los errores para cada clase.

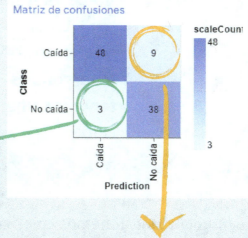

Matriz de confusiones

Cuando la clase es "No caída" y detectamos una caída, si suponemos que el sistema avisa a los servicios de emergencia, probablemente llegaría un médico o una ambulancia a la casa de esta persona y vería que no ha habido ningún problema. Se trata, en este caso, de 3 errores de este tipo que conllevarían un coste económico y temporal (el coste y tiempo que emplea la ambulancia en llegar a comprobar)

Si la clase es "caída" y detectamos una "no caída" sería un fallo que afecta directamente a la persona que ha sufrido la caída ya que, si nuestro sistema está conectado con los servicios de emergencia, estos no llegarían para prestar ayuda. Por tanto, aunque sólo haya 9 casos de error, se tratan de un error muy importante.

Este tipo de fallos de nuestro sistema son los más peligrosos, ya que afectan a personas y a su salud.

EMERGENCIAS 112

Vamos a utilizar RAISE PLAYGROUND para crear un sistema en Scratch que nos permita simular una llamada a emergencias si en la sala en la que tenemos una cámara instalada hay una caída.

1 - EXPORTAR EL MODELO

Lo primero que tenemos que hacer es, a partir del proyecto anterior, el número 13, hacer clic en "Exportar modelo", que está en el bloque de la derecha (Vista previa).

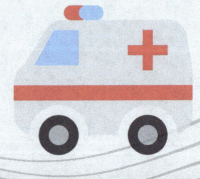

Lo siguiente será hacer clic en "Subir mi modelo" y, pasado unos segundos, aparecerá en enlace en el bloque de texto "Tu enlace para compartir". Sólo tendremos que copiarlo.

2 - AÑADIR EXTENSIÓN

A continuación abrimos la página de Raise Playground y añadimos la extensión de Teachable Machine.

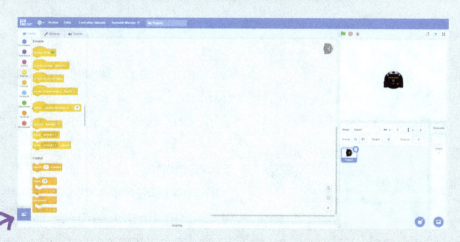

Añadir extensión

Hacemos clic sobre la extensión para añadirla al proyecto.

Teachable Machine
Use your Teachable Machine models in your Scratch project!

3 - PROGRAMAR

Lo primero que haremos es borrar al personaje que nos sale por defecto y sustituir por una cámara de vigilancia. El personaje lo puedes elegir, en este caso hemos descargado la imagen de Internet.

Añadimos el código para hacer la cámara.

Con un evento inicial marcado por la "bandera verde", encendemos la cámara y ponemos transparencia para ver el personaje y la cámara.

A continuación cargamos el enlace he habíamos copiado con el bloque "USE MODEL"

Y nos queda lo más sencillo.

Si detectamos que ha habido una caída, ponemos un mensaje que indique que se avisaría al 112 - emergencias.

En un sistema real este bloque sería sustituido por una llamada o aviso automático real.

La detección de "No caída" no es necesario añadirla a los bloques porque en este caso no haríamos nada.

4 - PROBAR

Como ya imaginábamos por las pruebas anteriores, el sistema detecta bien una caída real. He utilizado la webcam conmigo mismo para hacer la prueba.

EL AUTOR

Sergio Garrido Barrientos es Ingeniero en Informática por la Universidad de Salamanca y actualmente trabaja como gerente de proyectos de Tecnologías de la Información en Ineco, una importante empresa de ingeniería y consultoría.

Gran aficionado a la lectura y a la escritura, cuenta ya con varios libros publicados en el portal de Amazon, centrándose en temáticas tan distintas como la informática o los idiomas y siendo algunos de ellos reconocidos *bestsellers* en sus respectivas categorías.

Otro de sus libros: «Diseño de Bases de Datos. Un enfoque práctico», uno de los más vendidos de su categoría, es bibliografía recomendada en la carrera de Ingeniería de Minas de la Universidad Autónoma de México así como en la Universidad de Granada, en España.

Su afición e interés por la enseñanza le ha llevado a escribir este y otros libros que son "manuales sencillos para aprender a hacer cosas complejas".

OTROS LIBROS INTERESANTES

Aprende a programar con Scratch, un lenguaje divertido y creativo para todas las edades. Crea tus propios juegos, animaciones y proyectos con instrucciones sencillas y en español. Desarrolla tu pensamiento lógico, tu capacidad de resolver problemas y tus conceptos matemáticos. Sigue los ejercicios prácticos de este libro, explicados paso a paso, y comparte tus creaciones con otros usuarios de Scratch. ¡Descubre el mundo de Scratch con este libro y diviértete mientras aprendes!

Este libro no es de matemáticas ni de Scratch, sino de cómo combinarlos para aprender y divertirse. Repasa los conceptos matemáticos más importantes de primaria y secundaria y aplícalos a ejercicios creativos con Scratch, un lenguaje de programación fácil y divertido para todas las edades. Con Scratch, puedes crear historias, juegos y animaciones, y compartirlos con una comunidad en línea. Scratch te ayuda a pensar como un programador, usando algoritmos, lógica y abstracción. Aprende haciendo y jugando con este libro, y descubre las infinitas posibilidades de Scratch.

El diseño de una base de datos es un punto crítico y muy importante a la hora de crear una aplicación software. Partiendo de reglas claras, bien explicadas y siempre acompañadas de ejemplos aprenderás a diseñar bases de datos de un modo fácil y rápido. Aprende a pasar de una simple descripción o requisitos a un modelo conceptual, también llamado entidad-relación y por último transformarlo al modelo relacional con el que ya trabajaremos en una aplicación. Siguiendo las normas que ofrece el libro realizarás diseños de calidad y sin errores.

¿Quieres dominar SQL, el lenguaje de programación más usado para consultar y analizar datos? ¿Te gustaría aprender SQL de forma rápida, práctica y sencilla? Entonces, este libro es para ti.

Este libro te enseña SQL desde cero, con explicaciones claras y sin rodeos. Con más de 100 ejemplos y ejercicios resueltos, aprenderás las órdenes y mandatos de SQL y cómo aplicarlos a tus proyectos. Este libro es perfecto para principiantes o profesionales que quieran mejorar su habilidad con SQL. No importa si quieres aprender SQL por gusto o por trabajo, con este libro lograrás tener éxito en todas las situaciones relacionadas con SQL.

¿TE HA GUSTADO EL LIBRO?

TU VALORACIÓN EN AMAZON ME AYUDA MUCHÍSIMO. ¡GRACIAS!

ASÍ COMO LOS COMENTARIOS Y OPINIONES POSITIVAS EN REDES SOCIALES